BÉRENGÈRE ABRAHAM
FOTOS: NATHALIE CARNET

VEGAN

Backen

INHALT

KEKSE, KRAPFEN & CO.

Chia-Samen

Mandelmilch

Agar-Agar

Vegane
Margarine (ohne
Milcheiweiße)

Sojamilch

Kokosmilch

Cashewnüsse

Apfelmus

Sojajoghurt

Pflanzliche Sahne (Hafer-,
Soja-, Mandel-)

Seidentofu

Ahornsirup

Olivenöl

DIE IDEALEN ZUTATEN

Stärke (Kartoffel-, Mais-, Pfeilwurz-)

Speisenatron

Leinsamen

Agavendicksaft

Kokosöl

Apfelessig

Haselnussmus

Mandelmus

WAS BEDEUTET EIN VEGANES LEBEN? _____

Der Veganismus ist eine alle Bereiche erfassende Lebensweise, deren Hauptanliegen es ist, auf tierische Produkte zu verzichten. Sie ist mit dem **Vegetarismus** verwandt, doch beim Veganismus ist außer dem Verzehr von Fleisch auch **der Verzehr von Produkten aus dem Tierreich** ausgeschlossen. Also weg mit Milch, Sahne, Butter, Eiern – aber auch mit Honig und Käse! Ähnlich wie Vegetarier müssen auch Veganer auf ihre Eiweißzufuhr achten – doch dank einfacher Produkte wie Tofu, Hülsen- oder Trockenfrüchte ist das relativ leicht.

In der täglichen Ernährung ist das Vermeiden tierischer Produkte also recht unproblematisch. Wenn es jedoch darum geht, leckeres Gebäck herzustellen, ist die Herausforderung größer. **Um das Cremige einer echten Sahne, die Saftigkeit eines Butterkuchens oder die Luftigkeit eines Biskuitteiges aus Eiern auch anders hinzubekommen, müssen Lösungen gefunden werden.** Doch nichts ist unmöglich! Es gibt eine große Anzahl pflanzlicher Milchsorten, die die Rolle der Kuhmilch ganz wunderbar erfüllen.

Wenn es um die allseits beliebte Crème fraîche geht, so haben Sie die Wahl zwischen Mandel-, Soja- und Hafercreme. Bei Eiern wird die Sache schwieriger: Hier kommt es auf ihre Funktion im Rezept an – also darauf, ob sie den Teig weicher machen, ihm beim Aufgehen helfen oder ganz einfach alle Zutaten gut miteinander verbinden sollen.

Butter kann durch eine sehr gute vegane Margarine ohne Milcheiweiße oder durch ölhaltige Pürees wie z. B. Mandelmus ersetzt werden.

Und zu guter Letzt lässt sich auch Honig durch süße Sirupsorten wie z.B. Ahornsirup oder Agavendicksaft mühelos ersetzen.

Alles in allem sind eigentlich nur etwas Fantasie und eine gut sortierte Speisekammer nötig, um leckeres veganes Gebäck herzustellen – und damit zugleich das graue und triste Vorurteil zu widerlegen, mit dem diese Ernährungsweise manchmal zu kämpfen hat.

Also: An die Schneebesen, fertig, los!

SO ERSETZEN SIE MILCH UND SAHNE _____

Sobald Sie keine tierischen Milchprodukte mehr verwenden wollen, brauchen Sie in Ihrer Küche einige gute **pflanzliche Milchsorten**. Davon gibt es eine breite Palette – alle reich an Mineralstoffen und Vitaminen: Milch aus Soja, Hafer, Mandeln, Dinkel, Kokos, Reis oder Nüssen. Es handelt sich hierbei streng genommen nicht um Milch, sondern um Verbindungen aus der jeweiligen Zutat und Wasser. Daher heißen diese Milchsorten manchmal einfach „Getränk".

Am weitesten verbreitet ist **Sojamilch**. Man findet sie in vielerlei Form: gezuckert oder naturbelassen, mit Vanille- oder Schokoladengeschmack. Einige Sorten enthalten zusätzliches Kalzium, das von Natur aus nicht in Soja vorkommt. Es gibt auch Sojasahne – zähflüssig, cremig und proteinreich. Sie ist geschmacksneutral und eignet sich daher für jede Art der Zubereitung.

Kokosmilch wird ebenfalls häufig verwendet, vor allem in salzhaltigen Gerichten. Ihr markanter Geschmack verleiht Backwaren eine angenehme Süße. Auch lässt sich aus ihr, wenn sie gut gekühlt ist, eine wirklich verblüffend gute vegane Sahne machen!

Etwas ganz Besonderes ist **Mandelmilch**. Ihr ausgeprägter Mandelgeschmack ist eine echte Bereicherung für Rezepte, in denen Milch eine wichtige Rolle spielt, z. B. Milchreis, Pfannkuchen und Pudding. Mandelmilch enthält viele Vitamine, und ihre etwas dickflüssigere Konsistenz macht sie sehr angenehm.

Mandelmilch (oder auch Haselnuss- oder Cashewnussmilch) können Sie selbst herstellen: 150 g Mandeln 12 Stunden in einer großen Schüssel mit kaltem Wasser einweichen. Abspülen und mit 1 Liter Wasser zu einer glatten Sauce zermahlen. Durch ein Sieb streichen, sodass eventuelle Klümpchen zurückbleiben, und die gewonnene Milch in den Kühlschrank stellen.

Für Mandelsahne genauso vorgehen, aber mit abweichenden Mengen (etwa 50 g Mandeln auf 200 ml Wasser).

Und schließlich können Sie auch **Creme aus Cashewnüssen** herstellen, um damit Crème fraîche zu ersetzen, z. B. für Toppings. Gehen Sie einfach nach dem Mandelmilch-Rezept vor, verwenden Sie jedoch 100 g (zuvor eingeweichte) Cashewnüsse pro 100 ml Wasser.

SO ERSETZEN SIE EIER

Bevor Sie die Eier in einem Backrezept ersetzen, müssen Sie sich zunächst fragen, welchen Nutzen diese Eier für das Gebäck haben sollen: Soll eine luftige Konsistenz wie z. B. bei Muffins erreicht werden, ersetzt man die Eier durch **Apfelessig, vermischt mit pflanzlicher Milch,** oder durch Speisenatron.

Wenn das benötigte Ei dazu dienen soll, die Zutaten miteinander zu verbinden, so haben Sie mehrere Möglichkeiten. Sie können das Ei z. B. durch **Kartoffel-, Mais- oder Pfeilwurzstärke** ersetzen. Ist die Stärke erst einmal eingerührt, entwickelt sie aufgrund ihrer leicht klebrigen Struktur die nötige Bindungskraft.

Sie können aber auch **Chia- oder Leinsamen** verwenden. Diese Samen sind wasserlöslich: Bei Kontakt mit Wasser quellen sie auf und werden klebrig und leimartig wie Gelatine. Die Chia-Samen vermischen Sie im Ganzen mit mehreren Esslöffeln Wasser. Die Leinsamen sollten zunächst zu Pulver zerkleinert und danach ins Wasser eingerührt werden.

Alternativ können Sie **Seidentofu, Sojajoghurt oder ein Mus** verwenden. Außer dass alle diese Zutaten bindend wirken, machen sie Ihr Gebäck zusätzlich schön weich.

SO ERSETZEN SIE BUTTER

Butter lässt sich durch verschiedene Lebensmittel ersetzen.

Zunächst einmal durch **Margarine – natürlich vegan, d.h. ohne Milcheiweiße.** Margarine ist ein wunderbarer Butterersatz, enthält aber häufig Palmöl. Verbrauchen Sie also nicht zu viel davon!

Pflanzliche Öle: Olivenöl lässt sich auch zum Backen verwenden. Wählen Sie eine milde und nicht zu fruchtige Sorte, wenn Sie nicht wollen, dass man das Öl herausschmeckt, und eine kräftige Sorte, wenn Sie wünschen, dass das Öl dem Kuchen seinen charakteristischen Geschmack verleiht. Olivenöl ist ein perfekter Ersatz für Butter, vor allem wenn diese geschmolzen verwendet werden soll.
Das geschmacksneutralere Sonnenblumenöl ist ebenfalls eine gute Alternative.

Auch natives oder desodoriertes **Kokosöl** erweist sich immer wieder als unverzichtbarer Verbündeter. Die Tatsache, dass diese Sorte Öl bei Zimmertemperatur haltbar bleibt, macht sie fürs Backen sehr interessant, vor allem, wenn es beispielsweise um die Herstellung von Keksen geht. Natives Kokosöl hat einen sehr starken Eigengeschmack, der aber gerade in zuckerhaltigem Gebäck sehr gut zur Geltung kommt.

Und schließlich können auch **ölhaltige Pürees** wie z.B. Mandelmus ein sehr vorteilhafter Ersatz für Butter sein. Sie können sie pur verwenden oder die im Rezept genannten Mengen aufteilen, d.h. zur Hälfte Öl nehmen und zur Hälfte ein ölhaltiges Püree. Diese für das vegane Backen unerlässlichen Pürees finden sich in Bioläden, aber zunehmend auch in Supermärkten.

Wenn Sie selbst ein Püree aus Mandeln (oder aus Hasel- oder Cashewnüssen) herstellen wollen – nichts einfacher als das! Sie brauchen hierfür nur eine gute Küchenmaschine (und ein wenig Geduld):

Zerkleinern Sie in einer Küchenmaschine ca. 300 g Mandeln mit der Pulse–Funktion zu einem glatten Püree. Da dies recht lange dauert, lassen Sie Ihren Mixer nach einer gewissen Zahl an Stößen wieder zu Kräften kommen und vermeiden Sie eine Überhitzung.

Bewahren Sie das gewonnene Püree in einem luftdichten Glasbehälter auf.

GRUNDREZEPTE

KOKOSSAHNE

ZUBEREITUNGSZEIT: 10 MINUTEN

Für 1l Sahne

- 3 Dosen Kokosmilch à 400 ml
- 40 g Zucker

• Die Kokosmilch am Vorabend in den Kühlschrank stellen.

• Am nächsten Tag den Teil der Kokosmilch, der sich verfestigt hat, aus den Dosen entnehmen und den flüssigen Rest darin belassen.

• Die Kokoscreme in eine Schüssel geben und mit einem elektrischen Rührgerät zu Sahne schlagen.

• Den Zucker hinzufügen und die Sahne mit dem Rührgerät steif und cremig schlagen.

MANDELBISKUITBODEN

ZUBEREITUNGSZEIT: 25 MINUTEN

Für 2 Biskuitböden

- 300 g Mehl
- 1 Tütchen Backpulver
- 100 g Rohrzucker
- 100 g Puderzucker
- 45 g vegane Margarine (aus dem Bioladen) + ein wenig für die Form
- 300 ml Mandelmilch
- 100 ml Wasser
- 2 EL Apfelessig

• Den Backofen auf 180 °C vorheizen.

• Das Mehl mit dem Backpulver, dem Rohr- und dem Puderzucker in einer Rührschüssel vermischen.

• Die Margarine in einem Topf zum Schmelzen bringen und in eine Schüssel geben. Die Mandelmilch, das Wasser und den Apfelessig hinzufügen. Das Ganze mischen und dann mit dem Inhalt der ersten Schüssel verrühren.

• Eine Backform mit Margarine einfetten und den Teig einfüllen. In den Ofen schieben und 30 Minuten goldbraun backen. Den Kuchen aus der Form nehmen und abkühlen lassen.

SÜSSER KOKOSTEIG

ZUBEREITUNGSZEIT: 20 MINUTEN

Für 1 Tarte

- 150 g Mehl
- 4 EL Rohrzucker
- 1 Prise Meersalz
- 40 g Kokosöl
- 150 – 200 ml Wasser

• Das Mehl, den Rohrzucker und das Meersalz in einer Schüssel vermischen.

• Das Kokosöl hinzufügen und das Ganze mit den Händen gut vermischen, sodass eine geschmeidige Masse entsteht.

• Nach und nach das Wasser angießen und das Ganze weiter gut verkneten, bis der Teig glatt und gleichmäßig ist.

• Zu einer Kugel formen.

• Vor der Weiterverarbeitung 30 Minuten kaltstellen.

MANDELMÜRBETEIG

ZUBEREITUNGSZEIT: 20 MINUTEN

Für 1 Tarte

- 125 g Mehl
- 75 g gemahlene Mandeln
- 50 g Rohrzucker
- 15 g Rapadura-Vollrohrzucker
- 1 Prise Salz
- 3 EL weißes Mandelmus
- 4 oder 5 EL Mandelmilch

• Das Mehl in einer Schüssel mit den gemahlenen Mandeln, dem Rohrzucker, dem Rapadura und dem Salz vermischen.

• Das Mandelmus hinzufügen und mit den Fingerspitzen den Teig formen, bis er eine leicht sandige Konsistenz hat.

• Nach und nach die Mandelmilch angießen. Aus dem Teig eine gleichmäßige, feste Kugel formen. In Frischhaltefolie wickeln und vor der Weiterverarbeitung 30 Minuten in den Kühlschrank legen.

BLÄTTERTEIG

ZUBEREITUNGSZEIT: 23 MINUTEN
KÜHLZEIT: 5 STUNDEN

Für 2 Tartes (à etwa 500 g)

- 160 g vegane Margarine
  (aus dem Bioladen)
- 250 g Mehl
- 5 g Salz
- 3 EL Zucker
- 100 ml Wasser

• Die Margarine mit einem Nudelholz zwischen 2 Lagen Frischhaltefolie auf der Arbeitsfläche ausrollen. Danach zum Festwerden für 30 Minuten ins Tiefkühlfach legen.

• In der Zwischenzeit Mehl, Salz, Zucker und Wasser in einer Schüssel vermischen. Zu einem weichen, gleichmäßigen Teig verkneten. Zu einer Kugel formen und 30 Minuten in den Kühlschrank legen.

• Die Arbeitsfläche mit Mehl bestäuben. Den Teig darauf zu einem Rechteck ausrollen. Die Frischhaltefolie entfernen und die tiefgefrorene Margarine in die Teigmitte legen. Den Teig einmal quer zusammenfalten, sodass sich die Enden berühren.

Danach den rechten und den linken Rand nach innen falten. Zum Schluss den linken Rand über den rechten falten.

• Den Teig in Frischhaltefolie wickeln und nochmals für 1 Stunde in den Kühlschrank legen.

• Den gekühlten Teig erneut auf der mit Mehl bestäubten Arbeitsfläche ausrollen und wieder zusammenfalten. Dabei genauso vorgehen wie beim ersten Mal.

• Den Teig in den Kühlschrank legen und die gesamte Prozedur dreimal wiederholen. Den Teig zu einem Rechteck formen und in den Kühlschrank oder ins Gefrierfach legen.

BRIOCHE-SCHNECKEN MIT ZIMT UND ROSINEN _

ZUBEREITUNGSZEIT: 30 MINUTEN
RUHEZEIT: 3–4 STUNDEN

Für etwa 15 Schnecken

Für den Teig

- 250 ml Mandelmilch
- 1 Tütchen Trockenhefe
- 500 g Mehl
- 75 g Zucker
- 50 g Soja-Naturjoghurt
- 110 g vegane Margarine (aus dem Bioladen) + ein wenig für die Form

Für Füllung und Garnierung

- 40 g vegane Margarine
- 200 g Rosinen
- 50 g Rohrzucker
- 2 EL gemahlener Zimt
- 50 ml Mandelmilch + 20 g geschmolzene vegane Margarine
- 50 g Mandelblättchen

• Für den Teig die Mandelmilch anwärmen, mit der Trockenhefe mischen und 10 Minuten ruhen lassen.

• Das Mehl mit dem Zucker mischen. Die Milch mit der aufgelösten Hefe und den Joghurt zugeben und gut verrühren. Die Margarine in kleinen Stücken hinzufügen, alles von Hand oder in der Küchenmaschine 10 bis 15 Minuten zu einem elastischen Teig verkneten. Diesen an einem warmen Ort zugedeckt 2 bis 3 Stunden gehen lassen, bis er sein Volumen verdoppelt hat.

• Den Teig auf der bemehlte Arbeitsfläche zu einem 0.5 cm dünnen Rechteck ausrollen.

• Für die Füllung die Margarine schmelzen und das gesamte Teigrechteck damit bestreichen. Mit Rosinen, Rohrzucker und Zimt bestreuen.

• Eine rechteckige Auflaufform einfetten. Den Teig längs einrollen, sodass eine Rolle entsteht. Diese in etwa 15 Scheiben schneiden, die entstandenen Schnecken in die Form legen. Noch einmal gehen lassen – die Schnecken verdoppeln noch einmal ihr Volumen.

• Den Backofen auf 160 °C vorheizen.

• Wenn die Schnecken gut aufgegangen sind, mit einer Mischung aus Mandelmilch und geschmolzener Margarine bestreichen und mit Mandelblättchen bestreuen. 35 Minuten goldbraun backen.

STERN-BRIOCHE MIT VEGANEM AUFSTRICH ____

ZUBEREITUNGSZEIT: 35 MINUTEN
RUHEZEIT: 3 STUNDEN
BACKZEIT: 30 MINUTEN

Für 1 große Brioche (6 Personen)

- 14 TL gemahlene Leinsamen
- 200 ml Mandelmilch + ein wenig zum
  Bepinseln
- 17 g frische Hefe
- 1 Vanilleschote
- 500 g Mehl
- 40 g Zucker
- 1 Prise Salz
- 70 ml Olivenöl + ein wenig für die
  Kruste
- 6 EL veganer Aufstrich (aus dem
  Bioladen)

• Die Leinsamen mit 4 EL Wasser vermischen. 10 Minuten ziehen lassen, bis die Mischung zähflüssig ist.

• Die Mandelmilch anwärmen und in eine Schüssel geben. Die Hefe hinzufügen und das Ganze 10 Minuten beiseitestellen.

• In der Zwischenzeit die Vanilleschote der Länge nach aufschlitzen und das Mark herauskratzen. Das Mehl mit Salz und Zucker vermischen. Vanillemark und Olivenöl hinzufügen und anfangen zu kneten. Die in Milch aufgelöste Hefe, später die Leinsamen beimengen. Den Teig 10 Minuten von Hand oder in der Küchenmaschine weiterkneten, bis er weich ist und nicht klebt. Den Teig ist eine mit Mehl bestäubte Schüssel legen, mit einem sauberen Tuch abdecken und etwa 2 Stunden ruhen lassen.

• Den Teig auf der mit Mehl bestäubten Arbeitsfläche in 2 gleich große Stücke teilen. Diese zu 2 Scheiben ausrollen, den veganen Aufstrich großzügig auf einer der Scheiben verteilen. Mit der zweiten Scheibe bedecken. Um den Stern zu formen, die Brioche in 16 Teile schneiden, aber nicht ganz bis zur Mitte schneiden. Je 2 Teile ineinanderrollen und an den Enden zusammendrücken. Die Brioche noch 1 Stunde gehen lassen.

• Den Backofen auf 170 °C vorheizen.

• Die Brioche mit gesüßter Mandelmilch bepinseln, im Ofen 30 Minuten backen.

CRUMPETS MIT AHORNSIRUP

ZUBEREITUNGSZEIT: 15 MINUTEN
RUHEZEIT: 2 STUNDEN
BACKZEIT: 15 MINUTEN

Für 5 Crumpets

- 1 TL Trockenhefe
- 150 ml Wasser
- 200 g Mehl
- 30 g Zucker
- 1 Prise Salz
- 150 ml Sojamilch
- Öl für die Pfanne und die Backringe
- Ahornsirup zum Servieren

● Die Hefe in einer Tasse mit lauwarmem Wasser anrühren und 5 Minuten ruhen lassen.

● Das Mehl in einer Schüssel mit dem Zucker und dem Salz vermischen. Die Sojamilch und die in Wasser gelöste Hefe hinzufügen. Das Ganze mit dem Schneebesen kräftig verquirlen, sodass ein dickflüssiger Pfannkuchenteig ohne Klümpchen entsteht. 2 Stunden bei Zimmertemperatur ruhen lassen: Die Teigoberfläche sollte kleine Blasen werfen.

● Eine Pfanne und einige Backringe mit Öl ausstreichen. Die Pfanne vorheizen und 2 oder 3 Backringe hineinstellen. Die Ringe etwa 1 cm hoch mit Teig füllen, den Teig dabei nicht umrühren. Die Pfanne abdecken und den Inhalt 4 – 5 Minuten auf kleiner Flamme backen, bis der Teig an der Oberfläche fest ist. Die Ringe abnehmen, die Crumpets wenden und 2 – 3 Minuten goldbraun backen. Auf einen Teller geben und weitere Crumpets backen.

● Mit Ahornsirup servieren und sofort genießen.

CRANBERRY-SCONES

ZUBEREITUNGSZEIT: 20 MINUTEN
BACKZEIT: 15 MINUTEN

Für etwa 10 Scones

- 40 g ganze Haselnüsse
- 45 g ganze Mandeln
- 50 g Cranberrys
- 250 g Mehl
- 1 Tütchen Backpulver
- 40 g Zucker
- 1 große Prise Salz
- 1 EL weißes Mandelmus
- 2 EL Olivenöl
- 150 g Reismilch + ein wenig zum
  Bepinseln

• Den Backofen auf 200 °C vorheizen.

• Haselnüsse und Mandeln grob hacken und mit den Cranberrys vermischen.

• Das Mehl in einer Schüssel mit dem Backpulver, dem Zucker und dem Salz vermischen. Das Mandelmus, das Öl und die Reismilch hinzufügen. Das Ganze gut durchmengen, sodass ein sandiger, aber kompakter Teig entsteht. Nüsse, Mandeln und Beeren hinzufügen und gut in den Teig einarbeiten.

• Den Teig zu einem Kloß von 4 cm Durchmesser formen. In 2 cm dicke Scheiben schneiden und diese auf ein mit Backpapier ausgelegtes Backblech legen. Die Scones mit etwas Reismilch bepinseln.

• In den Ofen schieben und etwa 5 Minuten leicht goldbraun backen. Auf einem Rost abkühlen lassen.

SOJAMILCHBRÖTCHEN

ZUBEREITUNGSZEIT: 20 MINUTEN
RUHEZEIT: 2 STUNDEN 45 MINUTEN
BACKZEIT: 10 MINUTEN

Für 8 Brötchen

- 15 g frische Hefe
- 200 ml lauwarme Sojamilch
- 500 g Mehl
- 10 g Salz
- 70 g Zucker
- 100 g Naturjoghurt aus Sojamilch
- 100 g vegane Margarine (aus dem
  Bioladen)

Zum Bepinseln

- 2 EL pflanzliche Milch

• Die Hefe in die lauwarme (aber nicht heiße) Milch bröckeln und 10 Minuten ruhen lassen.

• Das Mehl in der Schüssel einer Küchenmaschine mit dem Salz und dem Zucker vermischen. Die verdünnte Hefe sowie den Joghurt hinzufügen und das Ganze 10 Minuten lang kneten. Die Margarine stückchenweise beimischen und weitere 5 Minuten kneten. Den Teig mit einem sauberen Tuch abdecken und 2 Stunden zu doppelter Größe aufgehen lassen.

• Die Arbeitsfläche mit Mehl bestäuben, den Teig darauf ausbreiten und schnell verarbeiten. In 8 Stücke teilen, daraus längliche Brötchen formen und auf ein mit Backpapier ausgelegtes Backblech legen. Weitere 45 Minuten gehen lassen.

• Den Backofen auf 200 °C vorheizen.

• Die Brötchen mit einem Messer mehrmals einritzen und mit pflanzlicher Milch bepinseln. In den Ofen schieben und 10 Minuten goldbraun backen.

• Vor dem Verzehr auf einem Rost abkühlen lassen.

APFEL-ZIMT-MUFFINS

ZUBEREITUNGSZEIT: 30 MINUTEN
BACKZEIT: 30 MINUTEN

Für 8 Muffins

- 1 Vanilleschote
- 2 Äpfel
- 100 ml Sojamilch
- Saft von ½ Zitrone
- 125 g Mehl
- 25 g gehackte Haferflocken
- 100 g Rohrzucker
- 1 gestrichener EL Backpulver
- 1 gestrichener EL Zimt
- 1 TL Speisenatron
- 1 große Prise Salz
- 50 g Apfelmus
- 60 ml Olivenöl

• Den Backofen auf 180 °C vorheizen.

• Die Vanilleschote der Länge nach aufschlitzen und das Mark mit einem Messer herauskratzen.

• Die Äpfel schälen, entkernen und reiben.

• Die Sojamilch und den Zitronensaft in einer Schüssel verrühren.

• Das Mehl in einer Schüssel mit den Haferflocken, dem Rohrzucker, dem Backpulver, dem Zimt, dem Speisenatron und dem Salz vermischen. Das Vanillemark hinzufügen und erneut mischen.

• Das Apfelmus in einer großen Schüssel mit dem Olivenöl verrühren. Die mit Zitronensaft versetzte Sojamilch sowie die geriebenen Äpfel hinzufügen. Das Ganze in die Mehlmischung einrühren und alles zu einem gleichmäßigen Teig verarbeiten.

• Den Teig in die Vertiefungen einer 8er-Muffinform füllen. In den Ofen schieben und 30 Minuten goldbraun backen. Auf einem Rost abkühlen lassen.

KOKOS-HASELNUSS-KÜCHLEIN MIT SCHOKOTRÖPFCHEN

ZUBEREITUNGSZEIT: 25 MINUTEN
BACKZEIT: 40 MINUTEN

Für 6 Mini-Kuchen

- 160 g vegane Margarine (aus dem Bioladen)
- 200 ml Kokosmilch
- 100 g Apfelmus
- 70 g Haselnussmus
- 200 g Mehl
- 40 g Maisstärke
- 100 g Zucker
- 1 Tütchen Backpulver
- 50 g Kokosraspel
- 50 g gehackte Haselnüsse
- 75 g Schokotröpfchen

• Den Backofen auf 200 °C vorheizen.

• Die Margarine in einem Topf langsam zum Schmelzen bringen und danach in eine Schüssel geben. Die Kokosmilch, das Apfelmus und das Haselnussmus hinzufügen.

• Das Mehl mit der Stärke, dem Zucker, dem Backpulver und den Kokosraspeln in einer zweiten Schüssel vermischen. Den Inhalt der ersten Schüssel hinzufügen, dann die gehackten Haselnüsse und die Schokotröpfchen einrühren.

• Die Mischung auf 6 Mini-Kuchenförmchen verteilen. In den Ofen schieben und 40 Minuten backen. Die Küchlein mit einem Messer anstechen, um zu prüfen, ob sie schon durch sind: Das Messer muss trocken wieder zum Vorschein kommen. Die Küchlein abkühlen lassen und erst dann aus der Form nehmen.

GRIESSKÜCHLEIN MIT ZITRONENSIRUP

ZUBEREITUNGSZEIT: 20 MINUTEN
BACKZEIT: 20 MINUTEN

Für etwa 20 Küchlein

Für den Teig

- 4 TL gemahlene Leinsamen
- 200 g Grieß
- 100 g Paniermehl
- 130 g Zucker
- 2 Tütchen Backpulver
- 1 EL Maisstärke
- 200 ml Mandelmilch
- 100 ml geschmacksneutrales Öl + ein
  wenig für die Förmchen
- 2 EL Orangenblütenwasser
- 75 g gemahlene Mandeln

Für den Sirup

- 750 ml Wasser
- 350 g Zucker
- abgeriebene Schale von
  1 unbehandelten Zitrone

• Für den Sirup das Wasser zusammen mit dem Zucker und der Zitronenschale in einem Topf 10 Minuten kochen lassen. Den entstandenen Sirup abkühlen lassen.

• Die gemahlenen Leinsamen mit 60 ml Wasser in einer Schüssel vermischen. 10 Minuten quellen lassen, bis die Masse zähflüssig ist.

• Den Backofen auf 180 °C vorheizen.

• Grieß, Paniermehl, Zucker und Backpulver in einer Schüssel vermischen.

• In einer weiteren Schüssel die Stärke in 2 EL Mandelmilch auflösen, danach die Leinsamen hinzufügen. Das Ganze in die Schüssel mit dem Grieß geben. Gut durchmischen und danach die restliche Mandelmilch, das Öl und das Orangenblütenwasser einrühren.

• Mehrere Mini-Gugelhupf-Formen mit Öl ausstreichen und mit gemahlenen Mandeln auskleiden. Das überschüssige Pulver durch leichtes Klopfen auf die Unterseite der Förmchen entfernen. Die Formen mit dem Teig befüllen. In den Ofen schieben und etwa 20 Minuten goldbraun backen.

• Die Küchlein aus dem Ofen nehmen, aus ihren Förmchen lösen und in einen tiefen Teller legen. Gleichmäßig mit Sirup beträufeln, bis sie gut durchtränkt sind.

SAFTIGER MANDELKUCHEN MIT BLAUBEEREN —

ZUBEREITUNGSZEIT: 30 MINUTEN
BACKZEIT: 35 MINUTEN

Für 4 – 6 Personen

- 5 EL Chia-Samen (aus dem Bioladen)
- 2 unbehandelte Zitronen
- 200 g Blaubeeren
- 50 g Mehl
- 350 g gemahlene Mandeln
- 1 große Prise Salz
- ½ Tütchen Backpulver
- ½ TL Speisenatron
- 60 g Kokosöl
- 60 ml Olivenöl
- 120 g Ahornsirup
- vegane Margarine (aus dem Bioladen) für die Form

Für die Garnierung

- 50 g Blaubeeren
- Puderzucker

• Den Backofen auf 180 °C vorheizen.

• Die Chia-Samen in einer Schüssel mit 5 EL Wasser vermischen. Quellen lassen, bis eine zähflüssige Masse entstanden ist.

• Die Zitronen waschen, die Schale mit einer feinen Raspel abreiben, danach den Saft auspressen. Die Blaubeeren kurz unter einem kalten Wasserstrahl abspülen.

• Mehl, gemahlene Mandeln, Salz, Backpulver und Speisenatron in einer Schüssel mischen.

• Das Kokos- und das Olivenöl zusammen mit dem Ahornsirup in einem Topf erwärmen. Den Zitronensaft und die Zitronenschale hinzufügen, dann alles zusammen in die Schüssel mit dem Mehl geben. Das Ganze gut durchmischen und die Blaubeeren sowie die Chia-Samen einrühren.

• Eine Kuchenform mit der Margarine ausstreichen, danach den Teig einfüllen. In den Ofen schieben und 35 Minuten goldbraun backen. Abkühlen lassen.

• Den Kuchen vor dem Servieren mit einigen Blaubeeren garnieren und mit Puderzucker bestreuen.

BROWNIE MIT PISTAZIEN UND ERDNÜSSEN ____

ZUBEREITUNGSZEIT: 25 MINUTEN
BACKZEIT: 45 MINUTEN

Für 4–6 Personen

- 1 Vanilleschote
- 300 g dunkle Schokolade
- 75 g Apfelmus
- 75 ml Olivenöl
- 350 ml Sojamilch
- 75 g grob gehackte grüne Pistazien
- 75 g geröstete, gesalzene Erdnüsse
- 340 g Mehl
- 6 EL Bitterkakaopulver
- 1 Tütchen Backpulver
- 300 g Zucker
- 1 Prise Salz
- vegane Margarine (aus dem Bioladen)
  für die Form

• Den Backofen auf 180 °C vorheizen.

• Die Vanilleschote der Länge nach aufschlitzen und das Mark mit einem Messer herauskratzen.

• Die Schokolade grob hacken. 200 g in eine Schüssel geben und im Wasserbad schmelzen lassen.

• Das Apfelmus in einer Schüssel mit dem Öl und der Sojamilch vermischen.

• Die restliche Schokolade, die Pistazien und die Erdnüsse in einer anderen Schüssel vermischen.

• Mehl, Kakao, Backpulver, Zucker, Vanillemark und Salz in einer Schüssel vermischen. Die Apfelmusmischung sowie die geschmolzene Schokolade hinzufügen. Das Ganze gut vermengen, dann zwei Drittel der Schokolade mit Pistazien und Erdnüssen einrühren.

• Eine rechteckige Form mit der Margarine ausstreichen und den Teig einfüllen. Mit der restlichen Schokoladenzubereitung beträufeln. In den Ofen schieben und 45 Minuten backen. Den Brownie abkühlen lassen und aus der Form nehmen.

GEBURTSTAGS-SCHOKOLADENBOMBE

ZUBEREITUNGSZEIT: 45 MINUTEN
BACKZEIT: 45 MINUTEN
KÜHLZEIT: 2 STUNDEN

Für 6 – 8 Personen

Für den Kuchen

- 1 Vanilleschote
- 250 g Weizenmehl
- 125 g Vollkornmehl
- 250 g Rohrzucker
- 50 g Muscovado-Zucker
- 1 Tütchen Backpulver
- 1 TL Speisenatron
- 70 g Bitterkakaopulver
- 1 Prise Salz
- 150 ml pflanzliches Öl
- 150 ml Mandelmilch
- 350 ml Wasser
- 2 EL Apfelessig
- vegane Margarine (aus dem Bioladen)

Für die Füllung

- 300 g dunkle Schokolade, grob gehackt
- 300 ml sehr kalte Sojasahne
- 20 g Puderzucker
- 1 geraspelte Tonkabohne

Für die Glasur

- 200 g dunkle Schokolade, grob gehackt
- 150 ml Kokossahne
- 20 g Kokosöl

• Den Backofen auf 180 °C vorheizen. Die Vanilleschote der Länge nach aufschlitzen und das Mark herauskratzen. Die beiden Mehlsorten mit dem Rohrzucker und dem Muscovado vermischen. Backpulver, Speisenatron, Kakao, Salz und Vanillemark hinzufügen.

• In einer anderen Schüssel das Öl mit der Mandelmilch, dem Wasser und dem Apfelessig vermischen. Das Ganze in die Schüssel mit dem Mehl geben und kräftig vermengen.

• 2 Springformen mit der Margarine ausstreichen und den Teig auf die beiden Formen verteilen. Im Ofen 45 Minuten backen. Die Kuchen aus den Formen nehmen und abkühlen lassen.

• Für die Füllung die Schokolade im Wasserbad schmelzen, abkühlen lassen. Die Sojasahne steif schlagen, Puderzucker und Tonkabohne hinzufügen. Die fertige Sahne in die lauwarme Schokolade einrühren.

• Beide Kuchen in der Mitte 2 cm tief aushöhlen. Das Loch sollte einen Durchmesser von etwa 10 cm haben. Die beiden Aushöhlungen mit der Schokoladenzubereitung füllen und die Kuchen dann übereinanderlegen. 2 Stunden in den Kühlschrank stellen.

• Für die Glasur die Kokossahne und das Kokosöl in einem Topf erhitzen, dann über die Schokolade gießen. Mit einem Teigschaber verrühren. Abkühlen lassen.

• Den zweistöckigen Kuchen mit der Glasur bestreichen. Bis zum Servieren im Kühlschrank aufbewahren.

FEIGENAUFLAUF MIT VANILLE _____

ZUBEREITUNGSZEIT: 20 MINUTEN
BACKZEIT: 50 MINUTEN

Für 4 Personen

- vegane Margarine (aus dem Bioladen)
  für die Form
- 20 g gemahlene Mandeln
- 1 Vanilleschote
- 75 g Mehl
- 25 g Maisstärke
- 100 g Zucker
- 1 Prise Salz
- 200 g Seidentofu
- 1 EL Olivenöl
- 100 g Mandelsahne
- 1 EL weißes Mandelmus
- 400 ml Mandelmilch
- 600 g frische Feigen
- 25 g gehobelte Mandeln

• Den Backofen auf 180 °C vorheizen.

• Eine Auflaufform mit der Margarine ausstreichen und mit gemahlenen Mandeln auskleiden. Das überschüssige Pulver durch leichtes Klopfen auf die Unterseite der Form entfernen.

• Die Vanilleschote der Länge nach aufschlitzen und das Mark mit einem Messer herauskratzen.

• Das Mehl, die Stärke und den Zucker in einer Schüssel vermischen. Salz und Vanillemark hinzufügen.

• In einer anderen Schüssel Seidentofu, Olivenöl, Sahne und Mandelmus mit einer Gabel verquirlen. Die Mandelmilch nach und nach angießen. Die Mischung nach und nach in die Schüssel mit dem Mehl geben und das Ganze zu einem glatten, flüssigen Teig verrühren.

• Die Feigen waschen und vierteln. Auf den Boden der Form legen. Den Teig darübergießen und mit gehobelten Mandeln bestreuen. In den Ofen schieben und etwa 50 Minuten backen – der Auflauf soll beim Herausnehmen noch ein wenig „wackeln". Vor dem Verzehr abkühlen lassen.

BLÄTTERTEIGSCHNITTEN MIT MANGO UND KOKOS-VANILLE-CREME

ZUBEREITUNGSZEIT: 30 MINUTEN
KÜHLZEIT: 2 STUNDEN
BACKZEIT: 20 MINUTEN

Für 4 Personen

- 450 g Blätterteig (siehe Rezept auf S. 14)
- 1 große reife Mango
- Puderzucker zum Garnieren

Für die Creme

- 1 Vanilleschote
- 500 ml Kokosmilch
- 20 g Maisstärke
- 30 g Mehl
- 40 g Mandelmus
- 150 g Zucker
- 20 g Kokosöl
- 200 ml kalte Sojasahne

• Für die Cremefüllung die Vanilleschote längs aufschlitzen und das Mark herauskratzen. Kokosmilch, Stärke und Mehl mit dem Schneebesen verrühren. Mandelmus, Zucker und Vanillemark hinzufügen. Das Ganze in einen Topf geben und das Kokosöl hinzugeben. Auf kleiner Flamme erhitzen, dabei rühren, bis die Mischung angedickt ist. Die gewonnene Creme in eine Schüssel umfüllen, mit Frischhaltefolie abdecken und für 2 Stunden in den Kühlschrank stellen.

• Den Backofen auf 200 °C vorheizen.

• Den Blätterteig auf der bemehlten Arbeitsfläche zu 3 Rechtecken von je 20 x 15 cm Größe ausrollen. Auf ein mit Backpapier ausgelegtes Backblech legen und mit einer Gabel mehrmals einstechen. Im Ofen etwa 20 Minuten backen, bis der Teig goldbraun und luftig ist. Abkühlen lassen, dann jedes Teigstück in 3 Rechtecke von etwa 5 x 15 cm Größe schneiden.

• Die Sojasahne steif schlagen und nach und nach in die Kokos-Vanille-Creme einrühren, die dabei ihre Konsistenz nicht verlieren sollte. Die Mango schälen und in dünne Scheiben schneiden. Die Scheiben auf 6 der 9 Teigrechtecke verteilen und mit der Creme bedecken. Hierzu einen Spritzbeutel benutzen.

• Jeweils 2 mit Mango und Creme garnierte Teigrechtecke übereinanderlegen und mit einem dritten Teigstück (ohne Garnierung) abdecken. Mit Puderzucker bestreuen und genießen.

FLAN PÂTISSIER MIT SOJAMILCH UND VANILLE

ZUBEREITUNGSZEIT: 30 MINUTEN
BACKZEIT: 40 MINUTEN
KÜHLZEIT: 3 STUNDENN

Für 6 Personen

- vegane Margarine (aus dem Bioladen)
  für die Form
- 230 g Mandelmürbeteig (siehe
  Rezept auf S. 12)
- 2 Vanilleschoten
- 80 g Maisstärke
- 40 g Kartoffelstärke
- 150 g Zucker
- 50 g Kokosöl
- 1 l Vanille-Sojamilch

• Den Backofen auf 200 °C vorheizen.

• Eine Kuchenform mit hohem Rand, vorzugsweise eine Springform, mit der Margarine ausstreichen. Den Mürbeteig dünn auf der Arbeitsfläche ausrollen, danach die Form mit dem Teig auslegen, einen 5 cm hohen Rand formen. In den Kühlschrank stellen.

• Die Vanilleschoten der Länge nach aufschlitzen und das Mark mit einem Messer herauskratzen.

• Die beiden Stärkesorten, den Zucker und das Kokosöl in einem Topf vermischen. Das Vanillemark hinzufügen. Ein wenig Sojamilch angießen und das Ganze mit dem Schneebesen zu einer gleichmäßigen Paste verrühren. Dann die restliche Milch zugießen. Auf kleiner Flamme 5–10 Minuten kochen lassen, dabei weiterhin rühren und die Mischung eindicken lassen.

• Die Mischung in die Kuchenform füllen. In den Ofen schieben und etwa 40 Minuten backen, bis der Flan an der Oberfläche goldbraun ist. Abkühlen lassen, für 3 Stunden in den Kühlschrank stellen und den Flan erst danach aus der Form nehmen.

BANOFFEE PIE

ZUBEREITUNGSZEIT: 30 MINUTEN
KOCHZEIT: 1 STUNDE
KÜHLZEIT: 2 STUNDEN 30 MINUTEN

Für 4 – 6 Personen

- 2 Bananen, in Scheiben geschnitten
- 20 g Kakaopulver zum Bestreuen

Für den Tortenboden

- 200 g vegane Nusskekse (aus
  dem Bioladen), grob zerkleinert
- 100 g vegane Margarine (aus
  dem Bioladen), geschmolzen

Für die Sojamilchkonfitüre

- 1 Vanilleschote
- 500 ml Sojamilch
- 250 g Zucker
- 2 g Agar-Agar

Für die Kokos-Vanille-Creme

- 3 Dosen Kokosmilch à 400 ml
- 40 g Zucker
- 6 EL Sojajoghurt mit Vanillegeschmack

• Die Kokosmilch am Vortag in den Kühlschrank stellen.

• Am Zubereitungstag für die Milchkonfitüre die Vanilleschote längs aufschlitzen und das Mark herauskratzen. Die Sojamilch mit Vanillemark, Vanilleschote und Zucker in einen Topf geben. Unter gelegentlichem Rühren auf kleiner Flamme etwa 1 Stunde köcheln lassen. Sobald die Mischung zu karamellisieren beginnt, den Agar-Agar hinzufügen und unter Rühren noch einmal kurz aufkochen. In einer Schüssel abkühlen lassen.

• Für den Tortenboden die Kekse in eine Schüssel geben. Die Margarine schmelzen und über die Kekse gießen, vermengen. Die Mischung auf dem Boden einer Springform verteilen, dabei gut andrücken. 30 Minuten in den Kühlschrank stellen.

• Die Bananenscheiben auf dem Tortenboden verteilen und mit der gekühlten Sojamilchkonfitüre bedecken. Erneut in den Kühlschrank stellen.

• Für die Creme den festen Teil der Kokosmilch aus den Dosen entnehmen, den flüssigen Rest darin belassen. Die Kokoscreme mit einem Rührgerät zu Sahne schlagen. Den Zucker hinzufügen und erneut rühren. Den Vanillejoghurt mithilfe eines Teigschabers nach und nach einrühren, sodass eine sämige Creme entsteht. Diese in die Kuchenform geben und das Ganze für weitere 2 Stunden in den Kühlschrank stellen.

• Kurz vor dem Servieren den Kuchen vorsichtig aus der Form nehmen und mit Kakaopulver bestreuen.

LEMON-CURD-TARTE

ZUBEREITUNGSZEIT: 30 MINUTEN
BACKZEIT: 10–15 MINUTEN
KÜHLZEIT: 1 STUNDE

Für 4–6 Personen

Für den Teig

- 150 g Mehl
- 4 EL Rohrzucker
- 1 Prise Meersalz
- 40 g Kokosöl
- 150–200 ml Wasser

Für den Lemon Curd

- 50 g Maisstärke
- 100 ml Wasser
- 250 g Zucker
- 200 ml Hafermilch
- abgeriebene Schale und Saft von 3 unbehandeltenZitronen (etwa 150 ml Saft)
- 75 g vegane Margarine (aus dem Bioladen

• Den Backofen auf 200 °C vorheizen.

• Für den Teig das Mehl zusammen mit dem Rohrzucker und dem Meersalz in einer Schüssel vermischen. Das Kokosöl hinzufügen und die Mischung gut mit den Händen kneten, um das Öl geschmeidig zu machen. Während des Knetens nach und nach das Wasser angießen, sodass ein glatter und gleichmäßiger Teig entsteht.

• Den Teig auf der mit Mehl bestreuten Arbeitsfläche dünn ausrollen. Eine runde Backform mit dem Teig auslegen und mit einer Gabel mehrmals einstechen. Im Ofen 10–15 Minuten backen, bis der Teig goldbraun und knusprig ist. Abkühlen lassen.

• Für den Lemon Curd die Maisstärke mit Wasser anrühren. Den Zucker mit der Hafermilch, dem Zitronensaft und der Zitronenschale in einem Topf vermischen und die aufgelöste Stärke hinzufügen. Unter ständigem Rühren 5 Minuten auf kleiner Flamme köcheln lassen, bis die Masse eindickt. Die Margarine stückchenweise einrühren.

• Den Lemon Curd auf den Tarteboden geben. Die Oberfläche glatt streichen und das Ganze abkühlen lassen. Die Tarte vor dem Servieren für eine Stunde in den Kühlschrank stellen.

RUSTIKALE ERDBEER-RHABARBER-TARTE ⸺

ZUBEREITUNGSZEIT: 30 MINUTEN
KÜHLZEIT: 30 MINUTEN
BACKZEIT: 50 MINUTEN

Für 4 – 6 Personen

Für den Teig

- 125 g Mehl
- 75 g gemahlene Mandeln
- 50 g Rohrzucker
- 15 g Rapadura-Vollrohrzucker
- 1 Prise Salz
- 3 EL weißes Mandelmus
- 4 oder 5 EL Mandelmilch

Für die Füllung

- 200 g Erdbeeren, gewaschen und
  entstielt
- 500 g frischer Rhabarber, gewaschen
  und geschält
- 100 g brauner Zucker

• Das Mehl mit gemahlenen Mandeln, Rohrzucker, Rapadura und Salz vermischen. Das Mandelmus hinzufügen und den Teig mit den Fingerspitzen zu einer leicht sandigen Masse kneten. Nach und nach die Mandelmilch angießen und einen gleichmäßigen Teig herstellen. Zu einer Kugel formen, in Frischhaltefolie wickeln und für 30 Minuten in den Kühlschrank legen.

• In der Zwischenzeit für die Füllung die Erdbeeren halbieren. Drei Viertel des Rhabarbers in kleine Stücke schneiden, den Rest in dünne Stäbchen.

• Die Hälfte der Erdbeeren sowie die Rhabarberstücke in einen Topf geben. 3 EL Wasser und 75 g braunen Zucker hinzufügen. 20 Minuten auf kleiner Flamme köcheln lassen, bis das Ganze gut eingedickt und so viel Flüssigkeit wie möglich verdampft ist.

• Den Backofen auf 180 °C vorheizen.

• Den Teig auf der bemehlten Arbeitsfläche ausrollen. Auf einem mit Backpapier ausgelegten Backblech den Teig zu einem Kreis von etwa 35 cm Durchmesser formen. Das möglichst fest gewordene Früchtekompott in die Mitte geben und mit den restlichen Erdbeeren sowie den Rhabarberstäbchen garnieren. Die Ränder des Teigs umklappen und über die Früchte legen, sodass ein runder Kuchen entsteht. Mit dem restlichen braunen Zucker bestreuen. Im Ofen 30 Minuten backen, bis der Teig knusprig ist. Vor dem Servieren abkühlen lassen.

PFIRSICH-CRUMBLE MIT HAFERFLOCKEN ____

ZUBEREITUNGSZEIT: 20 MINUTEN
BACKZEIT: 30 MINUTEN

Für 4 – 6 Personen

- 3 große Pfirsiche
- 3 Äpfel
- 30 g Rohrzucker

Für den Crumble-Teig

- 75 g vegane Margarine (aus dem Bioladen)
- 100 g Rohrzucker
- 70 g Reisflocken
- 70 g Haferflocken

• Den Backofen auf 200 °C vorheizen.

• Die Früchte waschen und schälen. Die Äpfel entkernen und die Pfirsiche entsteinen. Das Obst in dünne Scheiben schneiden und in eine Schmorpfanne geben. Den Rohrzucker hinzufügen und das Ganze 5 Minuten auf kleiner Flamme schmoren lassen, bis die Früchte ihren Saft abgegeben haben. Beiseitestellen.

• Für den Crumble-Teig die Margarine mit Rohrzucker, Reis- und Haferflocken in eine Schüssel geben und alles zu einem gleichmäßigen Teig verkneten.

• Die Früchte in eine Auflaufform geben und mit dem Crumble-Teig bedecken.

• In den Ofen schieben und 30 Minuten backen. Den Crumble vor dem Verzehr ein wenig abkühlen lassen.

APFEL-ZIMT-TARTE

ZUBEREITUNGSZEIT: 30 MINUTEN
KÜHLZEIT: 5 STUNDEN 30 MINUTEN
BACKZEIT: 1 STUNDE

Für 4 – 6 Personen

Für den Blätterteig

- 160 g vegane Margarine (aus dem
  Bioladen) + ein wenig für die Form
- 250 g Mehl
- 5 g Salz
- 3 EL Zucker
- 100 ml Wasser

Für den Belag

- 6 Äpfel (Boskop)
- 1 EL Zimt
- 50 g Rohrzucker
- 1 Vanilleschote

• Den Blätterteig gemäß dem Rezept auf S. 14 herstellen. Das Teigrechteck in den Kühlschrank legen.

• Für den Belag die Äpfel schälen und entkernen. 3 der Äpfel in große Würfel schneiden und in einen Topf geben. Die Hälfte des Zimts und die Hälfte des Rohrzuckers hinzufügen. Die Vanilleschote der Länge nach aufschlitzen, das Mark mit einem Messer herauskratzen und in den Topf geben. Ein wenig Wasser angießen und den Topfdeckel auflegen. 20 Minuten auf kleiner Flamme köcheln lassen, bis kein Wasser mehr vorhanden und das Ganze gut eingedickt ist. Die Äpfel danach zu einem groben Püree zerdrücken.

• Den Backofen auf 180 °C vorheizen. Eine Tarteform mit Margarine ausstreichen.

• Die Arbeitsfläche mit Mehl bestäuben und den Blätterteig darauf dünn ausrollen. Die Tarteform mit dem Teig auslegen, mehrmals mit einer Gabel einstechen.

• Die restlichen Äpfel in mitteldicke Scheiben schneiden. Das Kompott über den Teig gießen und die Apfelscheiben darauf verteilen. Mit dem restlichen Zimt und Rohrzucker bestreuen. Im Ofen 40 – 45 Minuten backen. Lauwarm oder kalt genießen.

ERDBEERSAHNETORTE

ZUBEREITUNGSZEIT: 45 MINUTEN
BACKZEIT: 40 MINUTEN
KÜHLZEIT: 6 STUNDEN

- Man benötigt Rhodoid-Band

Für 6 Personen

- 250 g Erdbeeren, gewaschen, entstielt
  und halbiert

Für den Tortenboden

- 300 g Mehl
- 1 Tütchen Backpulver
- 100 g Rohrzucker
- 100 g Puderzucker
- 45 g vegane Margarine + ein wenig
  für die Form
- 300 ml Mandelmilch
- 100 ml Wasser
- 2 EL Apfelessig

Für die Creme

- 1 Vanilleschote
- 500 ml Mandelmilch
- 20 g Maisstärke
- 25 g Mehl
- 40 g Mandelmus
- 150 g Zucker
- 20 g vegane Margarine (aus dem
  Bioladen)
- 400 ml kalte Sojasahne

• Für die Creme die Vanilleschote längs aufschlitzen und das Mark herauskratzen. Mandelmilch, Stärke und Mehl mit dem Schneebesen verrühren. Mandelmus, Zucker und Vanillemark unterrühren. Das Ganze in einem Topf mit der Margarine auf kleiner Flamme erhitzen, unter Rühren andicken lassen. Die entstandene Creme in eine Schüssel füllen, mit Frischhaltefolie abdecken und 2 Stunden in den Kühlschrank stellen.

• In der Zwischenzeit den Biskuitboden herstellen (siehe Rezept auf S. 10).

• Den Backofen auf 180 °C vorheizen. Den Tortenboden im Ofen 30 Minuten backen. Aus der Form nehmen und abkühlen lassen.

• Den Boden halbieren. Einen der beiden dünnen Böden auf eine Tortenplatte legen, rundum mit Rhodoid-Band verkleiden. Die Erdbeeren mit der bauchigen Seite nach innen am Band entlang auf die Torte setzen.

• Die Creme durch schnelles Umrühren auflockern. Die Sojasahne steif schlagen, die Hälfte davon unter die Creme heben. Die Creme auf den Tortenboden streichen, die übrigen Erdbeeren in die Mitte legen. Mit dem zweiten Tortenboden bedecken, leicht andrücken. Die Torte für 4 Stunden in den Kühlschrank stellen.

• Das Rhodoid-Band vorsichtig entfernen. Die Torte mit der restlichen Sahne garnieren, sofort genießen.

CHEESECAKE MIT CASHEWNÜSSEN, BANANEN UND HIMBEEREN

EINWEICHZEIT: 1 NACHT
ZUBEREITUNGSZEIT: 30 MINUTEN
(TIEF-)KÜHLZEIT: 3 STUNDEN

Für 6 – 8 Personen

Für den Biskuitboden

- 100 g ganze Mandeln
- 55 g Pekannüsse
- 35 g Reisflocken
- 125 g entsteinte Datteln
- 30 g Kokosraspel

Für die Creme

- 2 Bananen
- 1 Vanilleschote
- 400 g Cashewnüsse
- 100 g Agavendicksaft
- 100 g Kokosöl
- 100 ml Kokossahne
- Saft von 2 Zitronen
- 200 g Himbeeren

• Am Vorabend die Cashewnüsse in einer großen Schüssel mit kaltem Wasser einweichen und über Nacht stehen lassen.

• Am Zubereitungstag zunächst den Biskuitboden herstellen: Hierzu die Mandeln mit den Pekannüssen, den Reisflocken, den Datteln und den Kokosraspeln vermischen. Auf dem Boden einer Springform verteilen und gut festdrücken. Für 1 Stunde in den Kühlschrank stellen.

• Für die Creme die Bananen schälen und in Scheiben schneiden. Die Vanilleschote der Länge nach aufschlitzen und das Mark mit einem Messer herauskratzen.

• Die Cashewnüsse abtropfen lassen und in die Schüssel eines Standmixers geben. Agavendicksaft, Kokosöl, Kokossahne, Zitronensaft, Bananen und Vanillemark hinzufügen. Das Ganze auf höchster Stufe zu einer gleichmäßigen Creme verrühren.

• Die Hälfte der Creme auf den gekühlten Biskuitboden geben, drei Viertel der Himbeeren darauf verteilen. Mit der restlichen Creme bedecken und glatt streichen. Für 2 Stunden ins Gefrierfach stellen.

• Den Cheesecake unmittelbar vor dem Servieren aus der Form nehmen und mit den restlichen Himbeeren garnieren. Dazu eine Coulis aus roten Früchten reichen.

LINZER AUGEN MIT KIRSCHMARMELADE ———

ZUBEREITUNGSZEIT: 30 MINUTEN
RUHEZEIT: 1 STUNDE
BACKZEIT: 10 MINUTEN

Für etwa 20 Linzer Augen

- 30 g Kokosöl
- 70 g Rohrzucker
- abgeriebene Schale und Saft von
  ½ unbehandelten Orange
- 110 g Mehl
- 25 g gemahlene Haselnüsse
- 1 TL Backpulver
- 1 Prise Salz
- 1 gehäufter EL Lebkuchengewürz
- 1 EL Haselnussmus
- Puderzucker zum Bestäuben

Für die Füllung

- Kirschmarmelade

• Das Kokosöl langsam in einem Topf zum Schmelzen bringen und in eine Schüssel geben. Den Rohrzucker und kurz darauf den Orangensaft und die Orangenschale hinzufügen. Das Ganze gut durchmischen.

• In einer anderen Schüssel das Mehl mit den gemahlenen Nüssen und dem Backpulver vermischen. Salz, Gewürzmischung und Haselnussmus hinzufügen und alles gut vermischen. Nach und nach die Kokosölzubereitung einrühren und einen gleichmäßigen Teig herstellen. Mit Frischhaltefolie abdecken und 1 Stunde bei Zimmertemperatur ruhen lassen.

• Den Backofen auf 180 °C vorheizen.

• Die Arbeitsfläche mit Mehl bestreuen und den Teig darauf dünn ausrollen. Mit einer Ausstechform nach Wahl kleine Kekse ausstechen. Bei der Hälfte der Kekse mit einem kleineren Förmchen ein Loch in die Teigmitte stechen. Die Kekse auf ein mit Backpapier ausgelegtes Backblech legen. Im Ofen 10 Minuten backen. Auf einem Rost abkühlen lassen.

• Die Kekse ohne Loch mit Kirschmarmelade bestreichen und mit den Loch-Keksen bedecken. Diese dabei leicht andrücken. Vor dem Servieren mit Puderzucker bestreuen.

GETREIDEPLÄTZCHEN MIT SCHOKOLADENGLASUR

ZUBEREITUNGSZEIT: 30 MINUTEN
BACKZEIT: 10–15 MINUTEN

Für etwa 20 Plätzchen

- 200 g Mehl aus verschiedenen Getreidesorten
- 100 g Zucker
- 3 EL Pfeilwurzstärke
- 1 TL Backpulver
- 100 g Haselnussmus
- 60 g Mandelsahne
- 2 Handvoll Reisflocken
- 100 ml Sojasahne
- 150 g dunkle Schokolade

• Den Backofen auf 180 °C vorheizen.

• Das Mehl in einer Schüssel mit dem Zucker, dem Pfeilwurz und dem Backpulver vermischen. Das Haselnussmus und die Mandelsahne hinzufügen. Das Ganze zu einem krümeligen Teig verarbeiten und zu einer Kugel formen.

• Den Teig auf der mit Mehl bestäubten Arbeitsfläche ausrollen. Mit den Reisflocken bestreuen und noch einmal mit dem Nudelholz darüberrollen, um die Flocken fest in den Teig zu drücken. Mit einer Form nach Wahl kleine Plätzchen ausstechen und auf ein mit Backpapier ausgelegtes Backblech legen. Im Ofen 10–15 Minuten backen.

• In der Zwischenzeit die Schokolade hacken und in eine Rührschüssel geben. Die Sojasahne sanft erhitzen und über die Schokolade gießen. Das Ganze gut durchmischen und mit dem Schneebesen glätten. Etwa 20 Minuten abkühlen lassen.

• Die Plätzchen nach kurzem Auskühlen nacheinander in die geschmolzene Schokolade tauchen und die Oberflächen mit einem Spatel glatt streichen. Auf einem Rost trocknen lassen.

KOKOS-KAKAO-SCHNITTEN

ZUBEREITUNGSZEIT: 20 MINUTEN
RUHEZEIT: 30 MINUTEN
BACKZEIT: 2 MINUTEN
GEFRIERZEIT: 2 STUNDEN

Für etwa 12 Schnitten

- 1 Vanilleschote
- 150 g Kokosraspel
- 50 g gemahlene Haselnüsse
- 100 g Rohrzucker
- 150 g Kokosöl
- 6 gehäufte EL Kakaopulver + ein wenig
  zum Bestäuben
- 160 g Kokossahne

• Die Vanilleschote der Länge nach aufschlitzen und das Mark mit einem Messer herauskratzen.

• Die Kokosraspel und die gemahlenen Nüsse in einer Schüssel vermischen. Rohrzucker, Vanillemark und Kokossahne hinzufügen. Gut verrühren.

• Eine quadratische Backform (ohne Boden) mit 20 cm Seitenlänge auf ein Blatt Backpapier stellen. Mit der Kokos-Haselnuss-Zubereitung auffüllen und für 2 Stunden in den Gefrierschrank stellen.

• In der Zwischenzeit das Kokosöl in einem Topf zum Schmelzen bringen. Das Kakaopulver in eine Schüssel geben und mit dem geschmolzenen Kokosöl übergießen. Gut verrühren und die gewonnene Kakaoglasur auf Zimmertemperatur abkühlen lassen.

• Die tiefgefrorene Masse in 12 Riegel schneiden und 30 Minuten ruhen lassen.

• Jeden Riegel vorsichtig mit der Glasur überziehen. Im Kontakt mit dem kalten Riegel wird sie sofort fest werden. Die Kokosschnitten erst servieren, wenn sie Zimmertemperatur erreicht haben. Vorher mit Kakaopulver bestäuben.

MADELEINES MIT ORANGE UND MANDELN ———

ZUBEREITUNGSZEIT: 25 MINUTEN
KÜHLZEIT: 2 STUNDEN
BACKZEIT: 10 MINUTEN

Für etwa 20 Madeleines

- 120 g Mehl
- 30 g gemahlene Mandeln
- 30 g Pfeilwurzstärke
- 90 g brauner Zucker
- 1 TL Backpulver
- 80 g vegane Margarine (aus dem
  Bioladen) + ein wenig für die Förmchen
- 1 EL Olivenöl
- 50 g Mandelsahne
- 3 EL Mandelmilch
- abgeriebene Schale von
  1 unbehandelten Orange

• Das Mehl in einer Schüssel mit den gemahlenen Mandeln, der Stärke, dem Zucker und dem Backpulver vermischen.

• Die Margarine in einem Topf langsam zum Schmelzen bringen. Den Topf von der Platte nehmen; Öl, Sahne und Mandelmilch einrühren. Gut durchmischen, dann die Orangenschale hinzufügen. Das Ganze in die Schüssel mit dem Mehl einrühren und zu einem gleichmäßigen, nicht zu dünnen Teig verarbeiten. In Frischhaltefolie wickeln und für 2 Stunden in den Kühlschrank legen.

• Den Backofen auf 240 °C vorheizen.

• Madeleine-Förmchen mit Margarine ausstreichen und mit dem gekühlten Teig füllen. Im Ofen 5 Minuten backen. Die Temperatur auf 200 °C herunterschalten und weitere 5 Minuten backen. Die fertigen Madeleines auf einem Rost abkühlen lassen.

HAFERMILCHWAFFELN

ZUBEREITUNGSZEIT: 20 MINUTEN
RUHEZEIT: 2 STUNDEN
BACKZEIT: 5 MINUTEN PRO WAFFEL

Für etwa 15 Waffeln

- 4 EL Maisstärke
- 400 ml Hafermilch
- 150 g vegane Margarine (aus dem Bioladen)
- 500 g Mehl
- 100 g Zucker
- 1 Tütchen Backpulver
- 1 EL Apfelessig
- Öl für das Waffeleisen

• Die Stärke mit 4 EL Wasser anrühren.

• Die Hafermilch in einem Topf ein wenig anwärmen. Den Topf von der Platte nehmen. Die Margarine stückchenweise hinzufügen und in der Milch zum Schmelzen bringen.

• Das Mehl in einer Schüssel mit dem Zucker und dem Backpulver vermischen. Die Milchzubereitung, den Essig und die angerührte Stärke hinzufügen. Das Ganze zu einem gleichmäßigen Teig verarbeiten. Die Schüssel mit einem sauberen Tuch abdecken und den Teig 2 Stunden ruhen lassen.

• Das Waffeleisen gut mit Öl bestreichen und eine kleine Kelle Teig einfüllen. Je nach Herstelleranweisung 4–5 Minuten backen. Weitere Waffeln auf die gleiche Weise herstellen und sofort genießen.

KRAPFEN MIT APRIKOSENFÜLLUNG ⸺

ZUBEREITUNGSZEIT: 30 MINUTEN
RUHEZEIT: 3 STUNDEN
BACKZEIT: 10 MINUTEN

Für etwa 12 Krapfen

- 250 ml Sojamilch
- 50 g Zucker
- 20 g frische Hefe
- 500 g Mehl
- 10 g Salz
- abgeriebene Schale von
  1 unbehandelten Zitrone
- 100 g vegane Margarine (aus dem
  Bioladen)
- Öl zum Ausbacken
- Puderzucker

Für die Füllung

- 1 großes Glas Aprikosenmus

● Die Sojamilch erwärmen und in eine Schüssel geben. Den Zucker sowie die Hefe (in Bröckchen) hinzufügen. Das Ganze vermischen und 10 Minuten ruhen lassen.

● Das Mehl mit dem Salz und der Zitronenschale in einer weiteren Schüssel vermischen. Die in der Milch aufgelöste Hefe hinzufügen und gut unterrühren. Danach die Margarine stückchenweise hinzufügen und den Teig kneten, bis er weich ist und nicht mehr klebt. In eine mit Mehl bestäubte Schüssel legen, mit einem sauberen Tuch abdecken und 2 Stunden lang zu doppelter Größe aufgehen lassen.

● Die Arbeitsfläche mit Mehl bestreuen und den Teig darauf 2 cm dick ausrollen. Mit einer runden Ausstechform von etwa 5 cm Durchmesser ein Dutzend Scheiben ausstechen. Auf ein mit Backpapier ausgelegtes Backblech legen und an einem mäßig warmen Ort 1 weitere Stunde gehen lassen.

● Das Frittieröl auf 180 °C erhitzen. Die Teigkugeln eine nach der anderen in das Öl geben und einige Minuten goldbraun ausbacken. Auf Küchenpapier abtropfen lassen.

● Mit der Tülle eines Spritzbeutels die Krapfen seitlich anbohren und mit dem Aprikosenmus füllen. Vor dem Servieren mit Puderzucker bestreuen.

CRÊPES MILLE TROUS MIT ORANGENBLÜTE UND AGAVENDICKSAFT

ZUBEREITUNGSZEIT: 20 MINUTEN
RUHEZEIT: 2 STUNDEN
BACKZEIT: 5 MINUTEN PRO CRÊPE

Für etwa 12 Crêpes

- 1 Tütchen Trockenhefe
- 600 ml lauwarmes Wasser
- 150 g feiner Grieß
- 130 g Mehl
- ½ Tütchen Backpulver
- 1 EL Orangenblütenwasser
- geschmacksneutrales Öl zum Backen
- Agavendicksaft, Puderzucker oder
  Früchte zum Servieren

• Die Hefe in einer Schüssel mit 100 ml lauwarmem Wasser anrühren und quellen lassen.

• Den Grieß, das Mehl und das Backpulver in einer Schüssel vermischen. Die aufgegangene Hefe, das restliche warme Wasser sowie das Orangenblütenwasser hinzufügen. Das Ganze mit einem Stabmixer zu einem glatten Teig verrühren. Mit einem sauberen Tuch abdecken und 2 Stunden an einem warmen Ort gehen lassen.

• Eine Crêpière oder Crêpe-Pfanne mit Öl bestreichen und erhitzen, eine kleine Kelle Teig darauf geben. 5 Minuten auf kleiner Flamme backen; keinesfalls wenden, denn Crêpes Mille Trous werden nur auf einer Seite gebacken. Die fertige Crêpe auf einen Teller legen und warm halten.

• Die übrigen Crêpes auf die gleiche Weise backen. Mit Agavendicksaft beträufeln, mit Puderzucker bestreuen oder zusammen mit Früchten reichen. Möglichst heiß genießen.

SCHOKO-COOKIES MIT PARANÜSSEN

ZUBEREITUNGSZEIT: 25 MINUTEN
BACKZEIT: 12–15 MINUTEN

Für etwa 20 Cookies

- 5 EL Hafermilch
- 1 TL Apfelessig
- 1 große Prise Speisenatron
- 60 g vegane Margarine (aus dem Bioladen)
- 3 EL Maisstärke
- 65 g Paranüsse
- 130 g Weizenmehl
- 70 g Einkornmehl
- 1 Prise Salz
- 80 g Rohrzucker
- 30 g Muscovado-Zucker
- 50 g Schokotröpfchen

• Den Backofen auf 190 °C vorheizen.

• In einer Schüssel die Hafermilch mit dem Essig und dem Speisenatron vermischen. 5 Minuten ruhen lassen.

• Die Margarine in einem Topf langsam zum Schmelzen bringen.

• Die Stärke mit 4 EL Wasser anrühren. Die Paranüsse grob zerkleinern.

• Die beiden Mehlsorten, das Salz, den Rohr- und den Muscovado-Zucker in einer Schüssel vermischen. Die geschmolzene Margarine, die Hafermilchzubereitung und die angerührte Stärke hinzufügen. Das Ganze rasch zu einem gleichmäßigen Teig verkneten. Zum Schluss die Schokotröpfchen und die Nüsse einrühren.

• Aus dem Teig kleine Bällchen formen, flachdrücken und auf ein mit Backpapier ausgelegtes Backblech legen. Im Ofen 12 – 15 Minuten leicht goldbraun backen.

• Die Cookies auf einem Rost abkühlen lassen und genießen.

BUCHWEIZEN-FINANCIERS MIT BLAUBEEREN —

ZUBEREITUNGSZEIT: 25 MINUTEN
BACKZEIT: 15 MINUTEN

Für etwa 30 Financiers

- 250 ml Sojamilch
- 1 TL Apfelessig
- 110 g Buchweizenmehl
- 60 g Weizenmehl
- 30 g gemahlene Mandeln
- 150 g Zucker
- ½ Tütchen Backpulver
- 80 ml geschmacksneutrales Öl + etwas
  für die Förmchen
- 150 g Blaubeeren

• Den Backofen auf 180 °C vorheizen.

• Die Sojamilch und den Essig in einer Schüssel vermischen. 10 Minuten ruhen lassen.

• Die beiden Mehlsorten in einer Schüssel mit den gemahlenen Mandeln, dem Zucker und dem Backpulver vermischen. Nach und nach das Öl sowie die Mischung aus Milch und Essig einrühren. Das Ganze zu einem gleichmäßigen Teig verkneten.

• Die Blaubeeren vorsichtig waschen.

• Financier-Förmchen mit Öl ausstreichen und den Teig einfüllen. Die Blaubeeren gleichmäßig auf die Förmchen verteilen.

• Im Ofen 15 Minuten goldbraun backen. Die fertigen Financiers auf einem Rost abkühlen lassen.

SHORTBREAD MIT PISTAZIEN

ZUBEREITUNGSZEIT: 20 MINUTEN
BACKZEIT: 20 MINUTEN

Für etwa 20 Stück

- 100 ungesalzene grüne Pistazienkerne
- 120 g Weizenmehl
- 120 g Buchweizenmehl
- 150 g Zucker
- 2 Prisen Salz
- 185 g vegane Margarine (aus dem
  Bioladen)

• Den Backofen auf 180 °C vorheizen.

• Die Pistazien klein hacken. Die beiden Mehlsorten in einer Schüssel mit der Hälfte der gehackten Pistazien, dem Zucker und dem Salz vermischen. Die Margarine stückchenweise hinzufügen. Das Ganze zu einem sandigen Teig verkneten, zu einer Kugel formen.

• Die Arbeitsplatte mit Mehl bestreuen und den Teig darauf zu einem 1 cm dicken Rechteck ausrollen. Die restlichen Pistazien darüber verteilen. Im Ofen 20 Minuten backen.

• Das Gebäck aus dem Ofen nehmen und in kleine Rechtecke von 4 x 2 cm Größe schneiden. Mehrmals mit einer Gabel einstechen.

• Das fertige Shortbread auf einem Rost abkühlen lassen und frisch genießen.

DANKSAGUNGEN

Ein großes Dankeschön an Margot Lhomme, Christiane Perrochon, Astier de Villatte, Ulrike Weiss sowie an das Atelier Garrigues für ihr schönes Geschirr.

MENGENANGABEN

	Metrisches System	Amerikanisches System	Andere Schreibweise
Flüssigkeiten	5 ml	1 Teelöffel	
	15 ml	1 Esslöffel	
	35 ml	1/8 Tasse	1 oz (oder once)
	65 ml	1/4 Tasse oder 1/4 Glas	2 oz
	125 ml	1/2 Tasse oder 1/2 Glas	4 oz
	250 ml	1 Tasse oder 1 Glas	8 oz
	500 ml	2 Tassen	
	1 l	4 Tassen	

	Metrisches System	Amerikanisches System	Andere Schreibweise
Gewichtseinheiten	30 g	1 oz	
	55 g	1/8 lbs	2 oz
	115 g	1/4 lbs	4 oz
	170 g	3/8 lbs	6 oz
	225 g	1/2 lbs	8 oz
	454 g	1 lbs	16 oz

	Wärme	°C	Thermostat	°F
Temperatur	Gering	70 °C	2 – 3	150 °F
	Warm	100 °C	3 – 4	200 °F
		120 °C	4	250 °F
	Mittel	150 °C	5	300 °F
		180 °C	6	350 °F
	Heiß	200 °C	6 – 7	400 °F
		230 °C	7 – 8	450 °F
	Sehr heiß	260 °C	8 – 9	500 °F

© der deutschen Ausgabe:
Ullmann Medien GmbH

© der französischen Ausgabe:
Pâtisserie vegan
Mango, Paris

Alle Rechte vorbehalten

Übersetzung aus dem Französischen: Holger Möhlmann, Köln, für writehouse
Lektorat/Redaktion: writehouse, Köln
Satz und Produktion: InterMedia, Ratingen
Umschlaggestaltung: Roman Bold & Black, Köln

Gesamtherstellung: Ullmann Medien GmbH, Potsdam

ISBN: 978-3-7415-2005-1